AF509777

Table des Cartes contenues dans
ce Recueil.

ATLAS PORTATIF

A L'USAGE DES COLLEGES,

POUR SERVIR A L'INTELLIGENCE

DES AUTEURS CLASSIQUES;

ADOPTÉ par les Profeſſeurs de la Faculté des Arts, & dédié à l'Univerſité de Paris.

PAR M. l'Abbé GRENET, Profeſſeur au Collège de Lizieux.

A PARIS,

Chez L'AUTEUR, rue Saint Jean-de-Beauvais.

M. DCC. LXXIX.

AVEC APPROBATION, ET PRIVILÈGE DU ROI.

1.e Mappemonde.

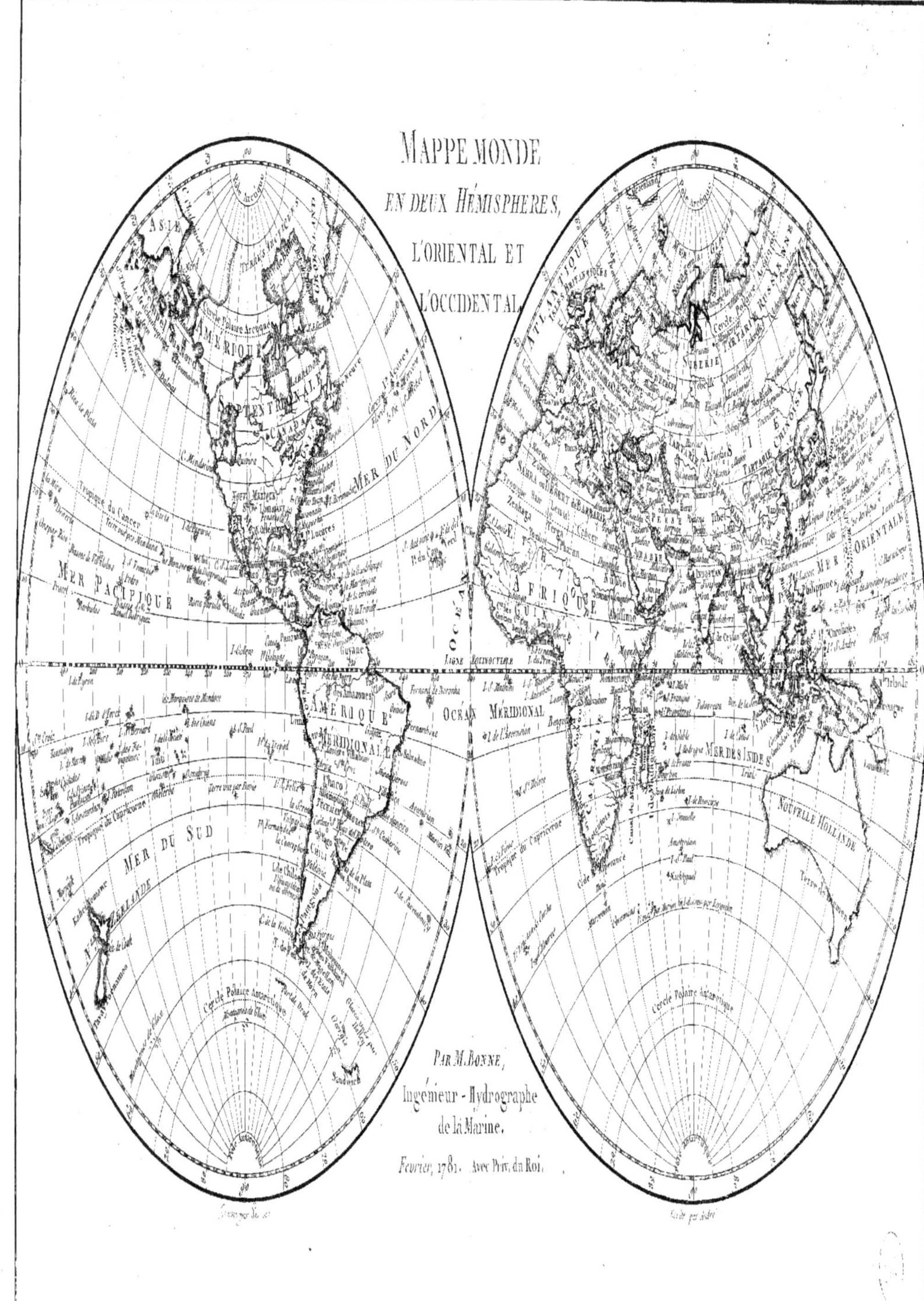
MAPPE MONDE
EN DEUX HÉMISPHERES,
L'ORIENTAL ET
L'OCCIDENTAL
ASIE
AMÉRIQUE SEPTENTRIONALE
CANADA
MER DU NORD
Tropique du Cancer
MER PACIFIQUE
LIGNE ÉQUINOCTIALE
AMÉRIQUE MÉRIDIONALE
OCÉAN MÉRIDIONAL
Cercle Polaire Arctique
MER DU SUD
Tropique du Capricorne
CHILI
Cercle Polaire Antarctique
ATLANTIQUE
SIBERIE
TARTARIE RUSSE
ASIE
TARTARIE CHINOISE
SAHARA
BARBARIE
AFRIQUE
MER ORIENTALE
NUBIE
LIGNE ÉQUINOCTIALE
OCÉAN
MER DES INDES
Tropique du Capricorne
NOUVELLE HOLLANDE
Cercle Polaire Antarctique
Par M. BONNE,
Ingénieur - Hydrographe
de la Marine.
Février, 1781. Avec Priv. du Roi.

2.e Amérique septentrionale.

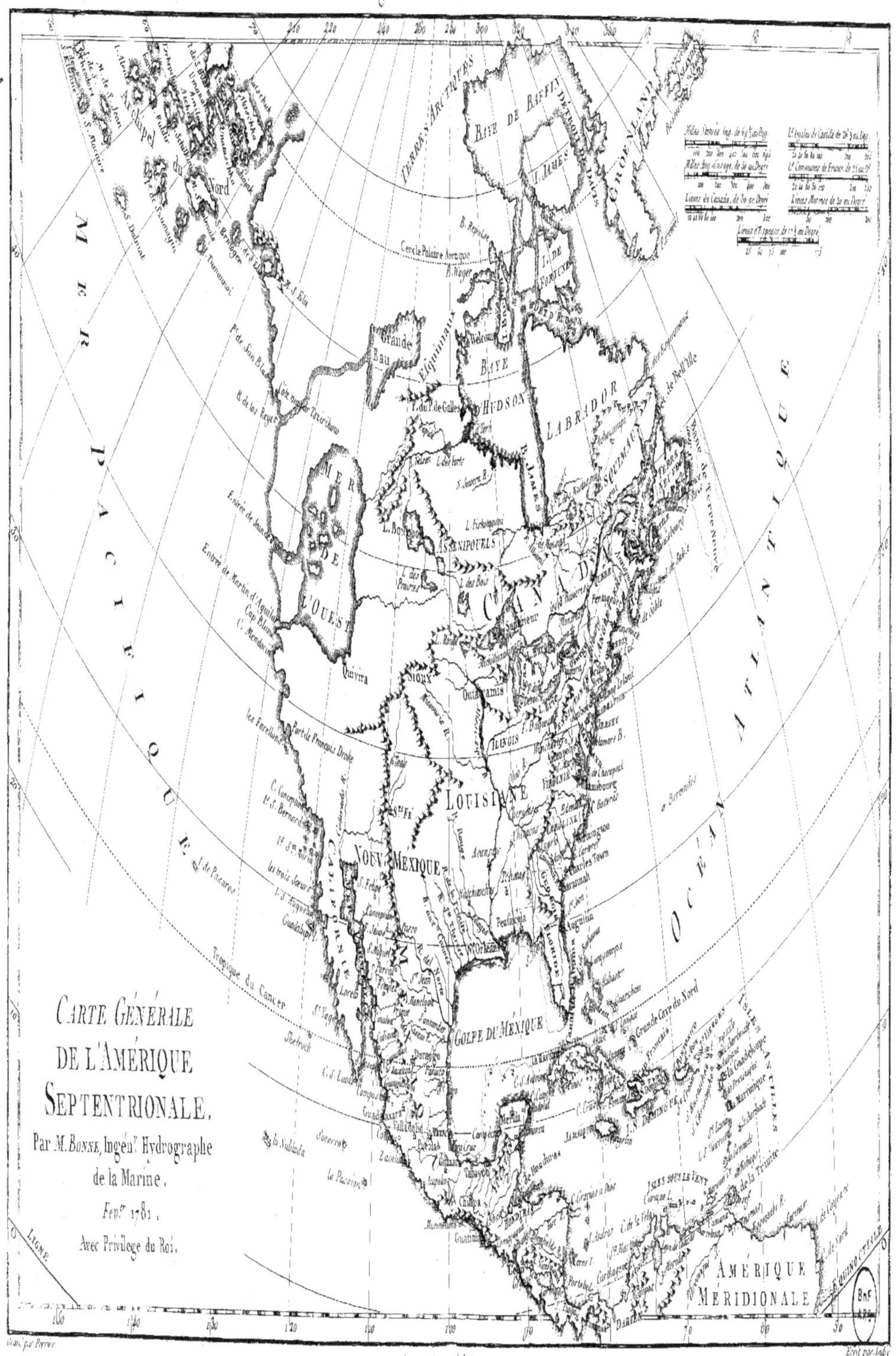
Longitude du Méridien de l'Isle de Fer.
MER PACIFIQUE
OCÉAN ATLANTIQUE
TERRES ARCTIQUES
BAYE DE BAFFIN
GROENLAND
LABRADOR
BAYE D'HUDSON
CANADA
MER DE L'OUEST
LOUISIANE
NOUV. MEXIQUE
CALIFORNIE
GOLFE DU MEXIQUE
ILLINOIS
SIOUX
VIRGINIE
FLORIDE
ISLES ANTILLES
ISLES SOUS LE VENT
AMÉRIQUE MÉRIDIONALE
Cercle Polaire Arctique
Tropique du Cancer
LIGNE
EQUINOCTIALE
CARTE GÉNÉRALE
DE L'AMÉRIQUE
SEPTENTRIONALE,
Par M. Bonne, Ingén.r Hydrographe
de la Marine,
Fev.r 1781.
Avec Privilege du Roi.
Grav. par Perrier
Ecrit par Aubin
Longitude du Méridien de Paris.

3.e   Amérique Méridionale.

Longitude du Méridien de l'Isle de Fer
CARTE GÉNÉRALE DE L'AMÉRIQUE MÉRIDIONALE.
Par M. Bonne, Ingénr. Hydrographe de la Marine.
Fevr. 1781.
Avec Privilege du Roi.
LIGNE ÉQUINOCTIALE
NOUVe. ANDALOUSIE ou PROV. DE GUYANE
GRENADE
PAYS DES AMAZONES
GOUVt. DE MARANON
BRÉSIL
CAMPOS DE PARESIS
MOXOS
CHACO
Chiquitos
MATTO GROSSO
GOUVt. DE MINAS GERAES
GOUVt. DE GOYA
PARAGUAY
RIO JANEIRO
Tropique du Capricorne
GOUVt. DE
BUENOS AYRES
CHILI
PATAGONIE
MER DU SUD
OCÉAN MÉRIDIONAL
Lieues d'Espagne et de Portugal, de 17½ au Degré.
Lieues Marines, de 20 au Degré.
Lieues Légales de Castille, de 26½ au Degré.
L. communes de France, de 25 au D.
Longitude du Méridien de Paris

4.ᵉ Espagne et Portugal.

ROYAUMES
D'ESPAGNE ET DE PORTUGAL.
PAR M. BONNE,
Ingénieur-Hydrographe de la Marine.
Juin 1780.
Avec Privilege du Roi.

5.º Gallia antiqua.

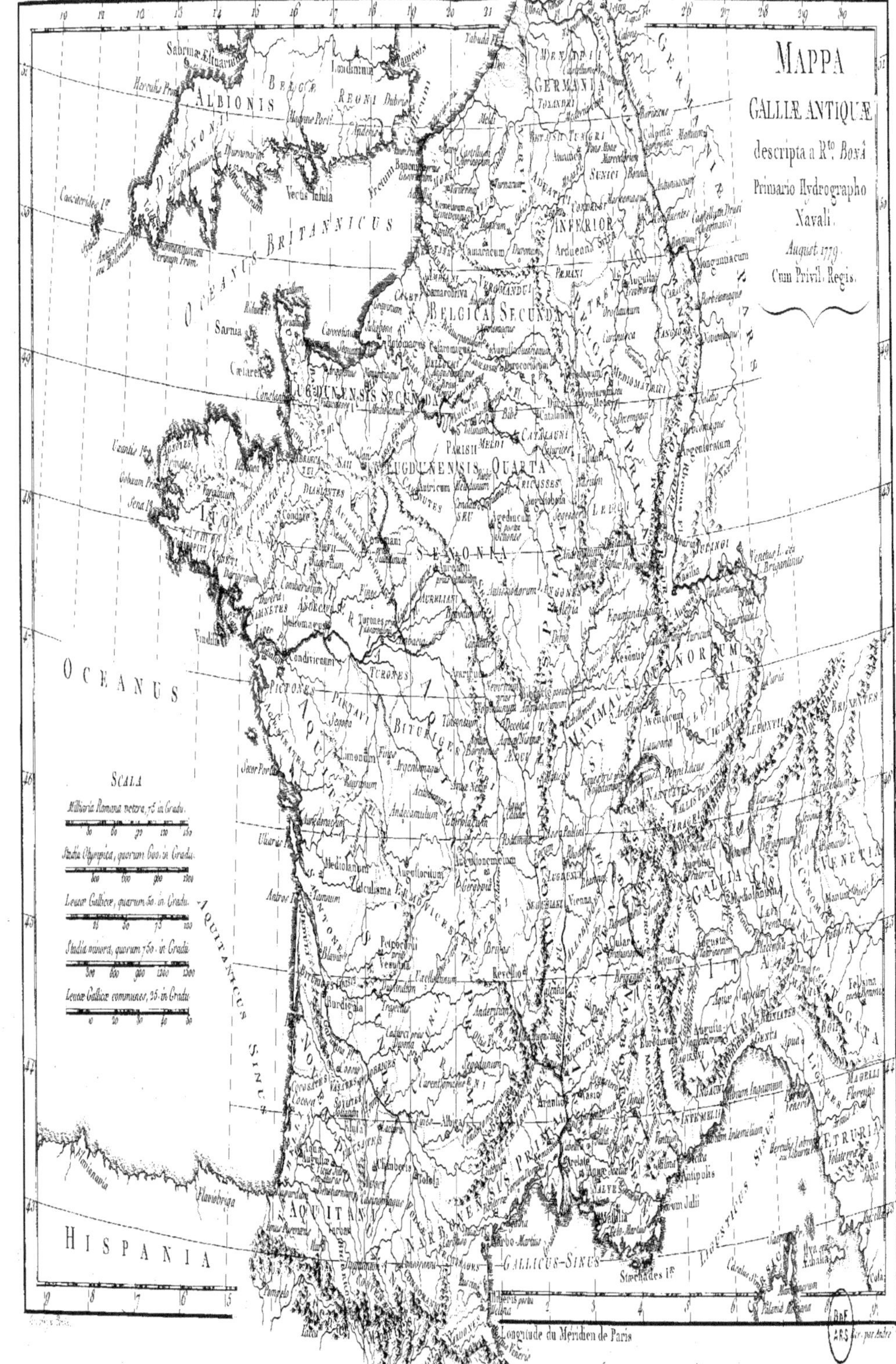

Longitude du Méridien de l'Isle de Fer
MAPPA
GALLIÆ ANTIQUÆ
descripta a Rto. Boná
Primario Hydrographo
Navali.
August. 1779.
Cum Privil. Regis.
OCEANUS BRITANNICUS
ALBIONIS
BELGÆ
REGNI
GERMANIA
INFERIOR
BELGICA SECUNDA
LUGDUNENSIS SECUNDA
LUGDUNENSIS QUARTA
PARISII
SENONIA
OCEANUS
PICTONES
TURONES
BITURIGES
AQUITANICUS SINUS
MAXIMA SEQUANORUM
GALLIA
AQUITANA
NARBONENSIS PRIMA
VENETIA
LIGURES
ETRURIA
HISPANIA
GALLICUS-SINUS
SCALA
Milliaria Romana vetera, 75 in Gradu.
Stadia Olympica, quorum 600 in Gradu.
Leucæ Gallicæ, quarum 50 in Gradu.
Stadia minora, quorum 750 in Gradu.
Leucæ Gallicæ communes, 25 in Gradu.
Longitude du Méridien de Paris

6.ᵉ France Moderne.

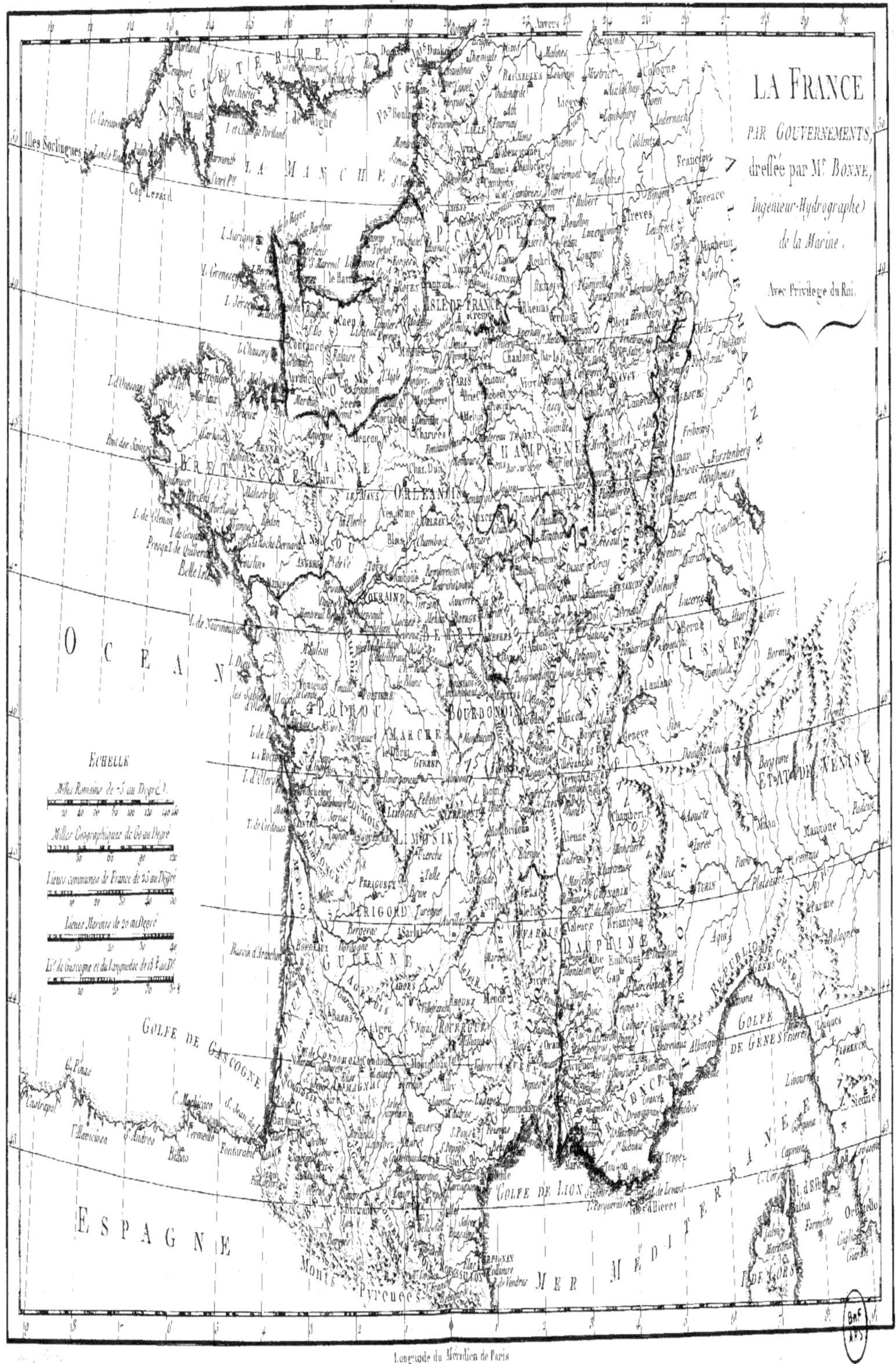

Longitude du Méridien de l'Isle de Fer
LA FRANCE
PAR GOUVERNEMENTS,
dressée par Mr. BONNE,
Ingénieur-Hydrographe
de la Marine.
Avec Privilege du Roi.
ANGLETERRE
LA MANCHE
Cap Lezard
Illes Sorlingues
OCÉAN
BRETAGNE
MAINE
ANJOU
POITOU
MARCHE
LIMOSIN
PERIGORD
GUIENNE
GOLFE DE GASCOGNE
ESPAGNE
Monts Pyrenees
NORMANDIE
PICARDIE
ISLE DE FRANCE
ORLEANOIS
CHAMPAGNE
LORRAINE
BOURGOGNE
BOURBONOIS
LYONOIS
DAUPHINÉ
PROVENCE
SUISSE
ÉTAT DE VENISE
REPUBLIQUE DE GENES
GOLFE DE GENES
GOLFE DE LION
MER MÉDITERRANÉE
PARIS
ÉCHELLE
Milles Romains de 75 au Degré.
Milles Geographiques de 60 au Degré
Lieues communes de France de 25 au Degré
Lieues Marines de 20 au Degré
Longitude du Méridien de Paris

7.ᵉ Angleterre, Irlande et Écosse.

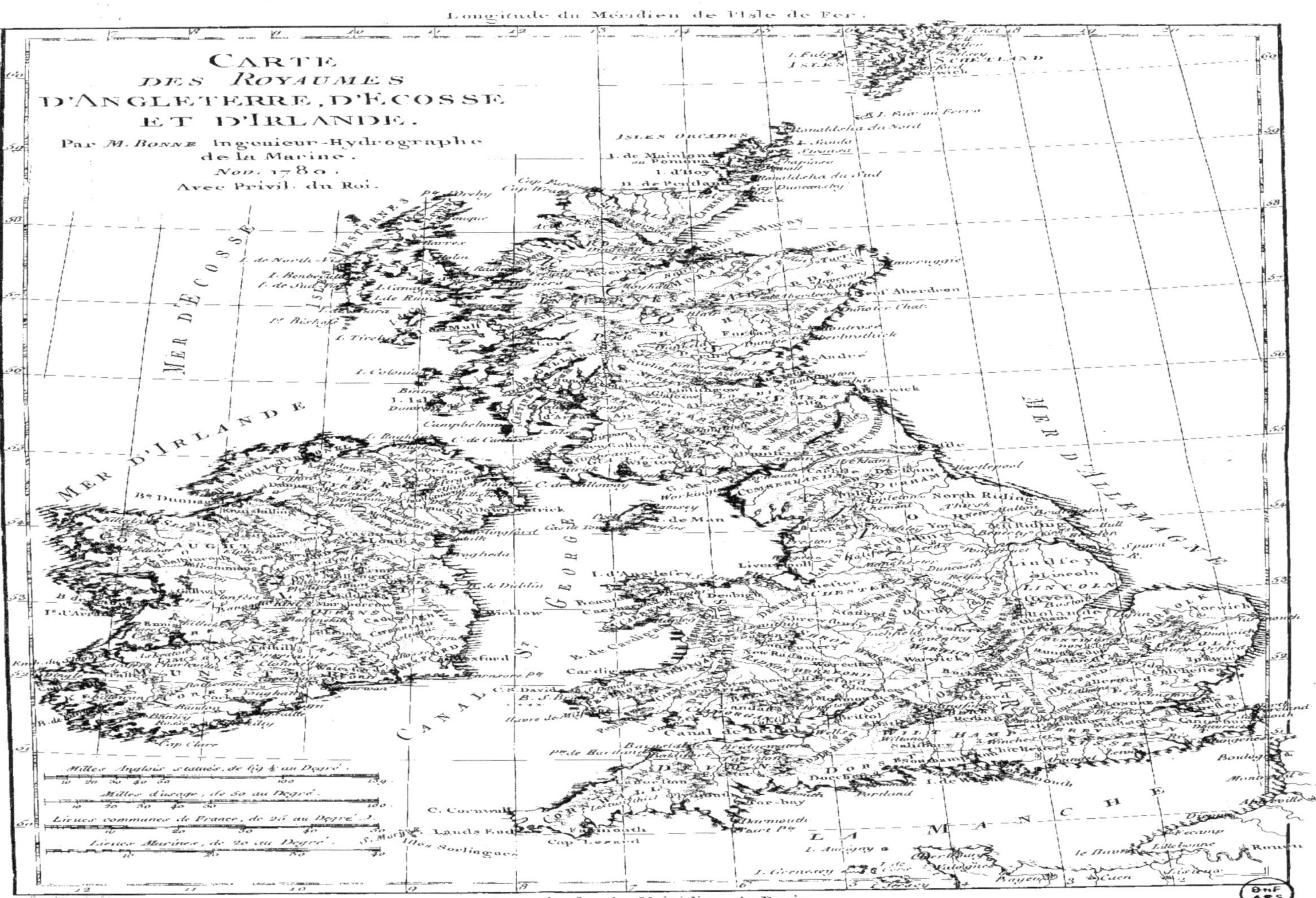

CARTE
DES ROYAUMES
D'ANGLETERRE, D'ÉCOSSE
ET D'IRLANDE.
Par M. BONNE Ingenieur-Hydrographe
de la Marine.
Nov. 1780.
Avec Privil. du Roi.
Longitude du Méridien de l'Isle de Fer.
Longitude du Méridien de Paris.
MER D'ÉCOSSE
MER D'IRLANDE
MER D'ALLEMAGNE
CANAL St. GEORGE
LA MANCHE
ISLES ORCADES
SCHETLAND
Milles Anglois statués de 69 ¼ au Degré.
Milles d'usage, de 50 au Degré.
Lieues communes de France, de 25 au Degré.
Lieues Marines, de 20 au Degré.

8.º Italia antiqua ———.

Longitude du Méridien de l'Isle de Fer
MAPPA ITALIÆ ANTIQUÆ
DESCRIPTA A R.io BONÂ
Primario Hydrographo Navali.
April. 1729.
Cum Priv. Regis.
Stadia Olimpica quorum 600 in Gradu
Milliaria Romana vetera 75 in Gradu
Milliaria Geographica 60 in Gradu
Leucæ Galliæ communes 25 in Gradu
HELVETIA
RHÆTIA
NORICUM
LEPONTII
Alpes Carnicæ
CARNI
HISTRIA
LAPYDES
LIBURNIA
Aquileia
Senia
Lopsica
VENETIA
Patavium
Pola
Ravenna
DALMATIA
GALLIA CISPADANA
TOGATA
Ariminum
Issa I.
Jadera
Scardona
Corcyra Nigra
Narona
ETRURIA
PICENUM
PRÆTUTII
HADRIATICUM
Epidaurum
LIGUSTICUS SINUS
CORSICA
TUSCUM MARE
SAMNI
LATIUM
APULIA
PEUCETIA
MESSAPIA
TARENTINUS SINUS
sive
ETRUSCUM
LUCANIA
quod et TYRRHENUM
SARDINIA
Olbia
Caralis
Crotona
MARE INFERUM
Æoliæ quæ
Vulcaniæ Insulæ
Scylacius Sinus
SICILIA
Rhegium
Lilybæum
Agrigentum
Catana
Syracusæ
Hippo Zarytos
CARTHAGO
AFRICA
Cossura Ins.
Melita Melita Ins.
Gaulos I.
Longitude du Méridien de Paris
BnF ARS
Gravé par Perier
André scrip.

9.ᵉ Italie Moderne.

Longitude du Méridien de l'Isle de Fer
L'ITALIE MODERNE
DRESSÉE PAR Mr. BONNE,
Premier Hydrographe de la Marine.
Mai 1779.
Avec Privil. du Roi.
Milles Romaine de 75 au Degré.
Milles de Piemont de 30 au Degré.
Lieues communes de France de 25 au Degré.
Milles Géographiques de 60 au Degré.
PARTIE D'ALLEMAGNE
SUISSE
CARNIOLE
ÉTAT DE VENISE
TURQUIE D'EUROPE
RÉPUBLIQUE DE GENES
MODENE
FLORENCE
Livourne
Civita Vecchia
Bonifacio
Detroit
Sassari
Cagliari
Tarente
G. de Manfredonia
BASILICATE
Gallipoli
Squillace
MER MÉDITERRANÉE
AFRIQUE
Tunis
CARTHAGE
Siracuse
MALTE
Longitude du Méridien de Paris

10.er Graecia Antiqua. —

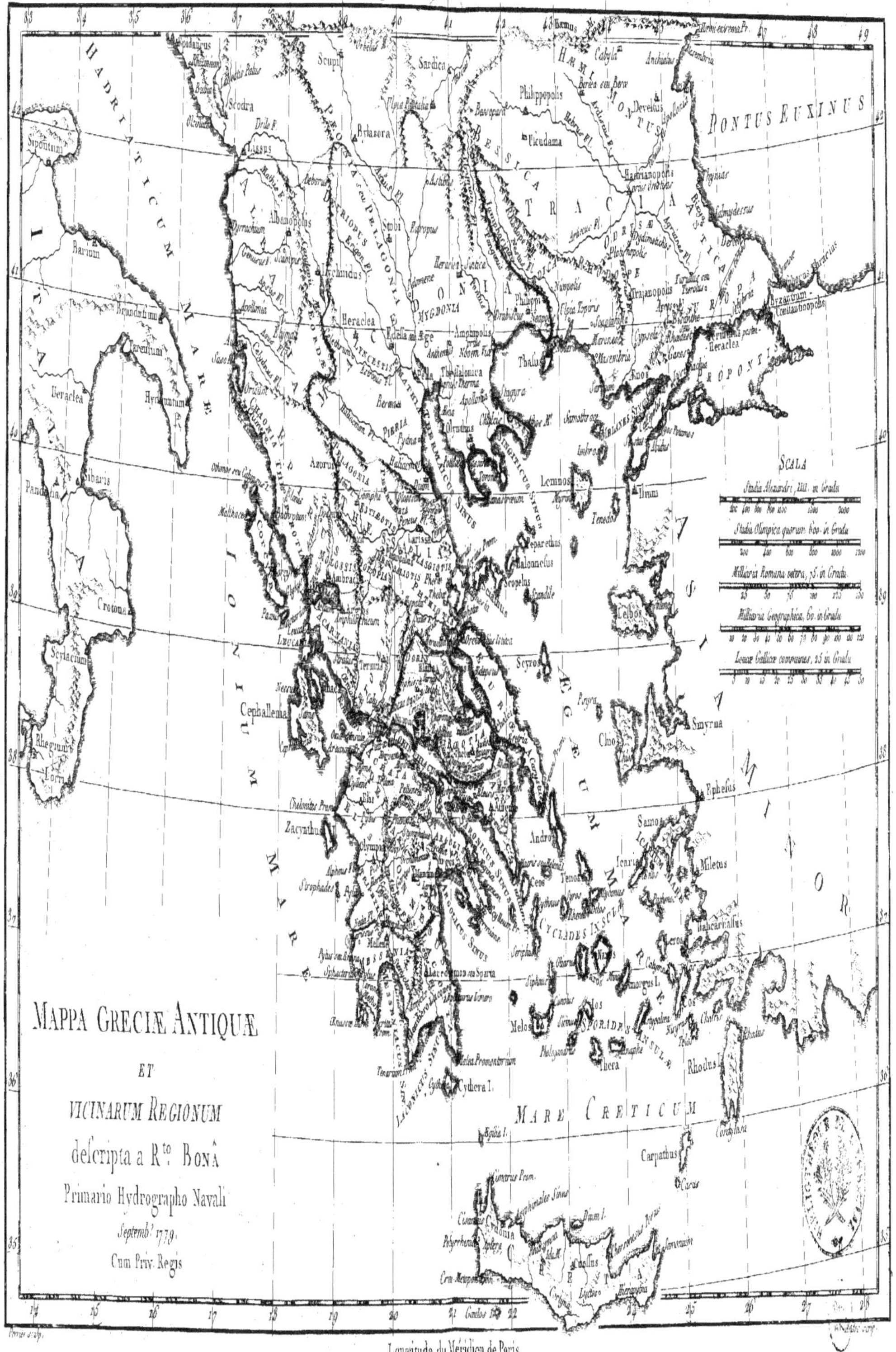

Longitude du Méridien de l'Isle de Fer.
PONTUS EUXINUS
HADRIATICUM MARE
ITALIA
IONIUM MARE
AEGEUM MARE
MARE CRETICUM
MACEDONIA
THRACIA
THESSALIA
EPIRUS
ACHAIA
CYCLADES INSULAE
SPORADES INSULAE
ASIA MINOR
PROPONTIS
Byzantium seu Constantinopolis
Philippopolis
Sardica
Thessalonica
Larissa
Athenae
Lacedaemon seu Sparta
Corinthus
Smyrna
Ephesus
Samos
Miletus
Halicarnassus
Rhodus I.
Carpathus
Lemnos
Lesbos
Chios
Icaria
Tenedos
Cephallenia
Zacynthus
Ithaca
Crotona
Scylacium
Rhegium
Brundusium
Heraclea
Barium
Scodra
Dyrrachium
Apollonia
Thera
Melos
Scala
Stadia Alexandri, 1111. in Gradu
Stadia Olimpica quorum 600 in Gradu
Milliaria Romana vetera, 75. in Gradu
Milliaria Geographica, 60. in Gradu
Leucae Gallicae compositae, 25 in Gradu
MAPPA GRECIÆ ANTIQUÆ
ET
VICINARUM REGIONUM
defcripta a R.to BONÂ
Primario Hydrographo Navali
Septemb.r 1779.
Cum Priv. Regis
Longitude du Méridien de Paris,